Aprenda a entrevistar com sucesso

Mo Shapiro

Aprenda a entrevistar com sucesso

Tradução
Liliana da Silva Lopes

temas'de hoje.

GESTÃO 2000

Título do original: Successful Interviewing

Capa: Jordi Xicart
Coordenação editorial: Marcelo Gomes
Revisão: Roberta Oliveira Stracieri
Diagramação: Globaltec Produções Gráficas

Dados Internacionais de Catalogação na Publicação (CIP)
(Câmara Brasileira do Livro, SP, Brasil)

Shapiro, Mo
Aprenda a entrevistar com sucesso / Mo Shapiro ; tradução Liliana da Silva Lopes. — São Paulo : Editora Planeta do Brasil, 2006. — (Gestão 2000)

Título original: Successful interviewing in a week
ISBN 85-7665-137-8

1. Auto-ajuda – Técnicas 2. Disciplina 3. Empregos – Habilitação 4. Entrevistas (Seleção de pessoal) 5. Orientação vocacional 6. Pessoal - Seleção e colocação 7. Sucesso I. Título. II. Série.

05-9453 CDD-658.31124

Índices para catálogo sistemático:
1. Entrevista de pessoal : Administração de empresas 658.31124
2. Pessoal : Entrevistas : Administração de empresas 658.31124

2006

Editora Planeta do Brasil Ltda.
Av. Francisco Matarazzo, 1500
Edifício Nova York – 3º andar – cj. 32B
05001-100 – São Paulo - SP
vendas@editoraplaneta.com.br

Visite o site: www.gestion2000.com

SUMÁRIO

INTRODUÇÃO

As entrevistas são uma parte do trabalho dos dirigentes de uma empresa. Uma entrevista eficaz não é algo espontâneo: demanda planejamento e preparação. O que ocorre durante uma entrevista é somente parte de um processo mais longo.

É possível que, até hoje, a maior parte da sua experiência tenha sido como entrevistado. Vamos supor, e aceitar, que o candidato esteja nervoso e preocupado com a impressão que vai causar. Os entrevistadores costumam se sentir do mesmo modo, pois, afinal, são eles os responsáveis pelo processo.

Os próximos sete dias irão fornecer-lhe uma nova percepção sobre a maneira pela qual se realizam boas entrevistas, à medida que examinarmos, detalhadamente, o processo de entrevistas. Nos primeiros dois dias abordaremos algumas orientações e técnicas gerais e nos cinco seguintes analisaremos tipos específicos de entrevista.

O mais provável é que a maioria das entrevistas que você tenha de realizar se encaixe nas dos tipos que aparecem de segunda a sexta-feira; as de sábado e as de domingo serão menos freqüentes.

Segunda-feira	Os quatro blocos da entrevista
Terça-feira	Técnicas gerais
Quarta-feira	Seleção e contratação
Quinta-feira	Avaliação
Sexta-feira	Orientação profissional
Sábado	Assessoria pessoal
Domingo	Disciplina

Os quatro blocos da entrevista

No decorrer desta semana, vamos considerar algumas das entrevistas que você possivelmente terá de realizar como parte de seu trabalho. Antes de examinar cada tipo específico, veremos algumas orientações básicas para as entrevistas em geral.

Os quatro blocos da entrevista

- Finalidade
- Preparação
- Realização
- Depois da entrevista

Os quatro blocos formam a estrutura e a base prática para qualquer entrevista e servirão para nos esclarecer qual a meta da entrevista, se ela é realmente necessária e o que faremos a seguir a ela.

Finalidade

Antes de começar, é recomendável considerar o objetivo de cada entrevista. Se não tivermos muito claro o propósito da entrevista, o entrevistado com certeza também não o saberá. Ainda que a entrevista se apresente sem planejamento, as duas pessoas podem gastar o tempo necessário para verificar qual é seu objetivo e se vale a pena esperar algum resultado.

Finalidade da entrevista
- Qual a finalidade da entrevista?
- Objetivos claros

Qual a finalidade da entrevista?

Memorandos, cartas, testes e relatórios são muito úteis para difundir a informação em uma direção, mas a entrevista oferece a possibilidade de um intercâmbio pessoal e dinâmico. Sempre que se deseja um fluxo de informação, uma entrevista pode ser a maneira mais eficaz de assegurar entendimento e um sentido de identificação entre duas pessoas.

Objetivos claros

Quando não sabemos muito bem aonde vamos, é muito provável acabarmos em outro lugar.

Uma vez que se opta pela entrevista como recurso mais eficiente, é necessário ter uma idéia clara do que se espera conseguir com ela. Isso nos ajudará a decidir como devemos nos preparar para ela, a determinar sua estrutura e a maneira de avaliar posteriormente seu grau de sucesso. Veja este exemplo dos objetos iniciais de uma entrevista de avaliação:

Avaliação de Sue Green

Objetivos

- Revisão de seu desempenho durante o ano
- Avaliação pessoal de Sue sobre seu progresso
- Possíveis áreas de maior responsabilidade
- Relacionamento com John e Peter
- Necessidade de treinamento ou assessoria

É importantíssimo que o entrevistado também conheça os objetivos da entrevista, pois assim poderá se preparar adequadamente e ter mais claro de que tipo de informação você necessita. É fácil você supor que, por ter pensado cuidadosamente em seus objetivos, eles serão evidentes para o entrevistado. Mas a realidade não é bem essa. Os entrevistados não lêem pensamento.

É também importante conhecer os objetivos do entrevistado, se quiser que a entrevista seja uma comunicação eficaz em ambas as direções.

Preparação

Não se preparar significa preparar-se para o fracasso.

A preparação é a chave das entrevistas bem-sucedidas. Esta fase — tão necessária — não precisa ser muito longa para ter valor. Quanto mais experiência você possuir nos diferentes tipos de entrevista, mais facilmente descobrirá como surge um modelo de preparação e como você elabora sua própria fórmula.

Consigo mesmo

Você talvez se sinta nervoso ou inseguro por causa da entrevista que está prestes a realizar, sobretudo se não tiver muita prática. Vale a pena refletir uns breves instantes sobre como se concentrar para conduzir uma entrevista bem-sucedida do começo ao fim.

Compare

- Pensamentos: Sei que não vou conduzir bem esta entrevista; nunca poderei entrevistar tão bem quanto o Harry.
- Sentimentos: Sente-se nervoso, incômodo, aterrorizado, incapaz.
- Resultado: Boca seca, falta de palavras, impressão de incompetência, evita entrevistas.

com...

- Pensamentos: Estou bem preparado para a entrevista; estou desenvolvendo meu próprio estilo de entrevistar.
- Sentimentos: Sente-se tranqüilo, confiante, preparado, com pleno controle sobre si mesmo.
- Resultado: Entrevista com um bom ritmo, entrevistado confortável, impressão positiva.

Sabe-se que uma conversa positiva consigo mesmo é uma maneira de melhorar o próprio desempenho, seja em uma entrevista ou nos esportes. Se, em vez de desperdiçar energia preocupando-se com uma situação, você conseguir encaminhá-la para uma preparação eficiente, criará oportunidades de sucesso. Quando a entrevista não for tão bem-sucedida ou não fluir de acordo com o planejado, você pode empregar essa conversa positiva consigo mesmo para favorecer o aprendizado, em vez de repreender-se por não ser perfeito.

Tome algumas medidas para relaxar imediatamente antes da entrevista. E prepare-se para o sucesso.

Documentação

Antes da entrevista, é necessário reunir e ler diversos relatórios e documentos. Nos casos de entrevistas para seleção de pessoal, avaliação, orientação profissional e disciplina, você terá uma noção clara dos documentos necessários e, se dispuser de um pouco de tempo, pode priorizar a leitura de certos documentos sobre outros.

- Que perguntas-chave surgem da leitura?
- Por que ponto deseja começar a entrevista?
- De que provas você dispõe para sustentar os seus argumentos?
- Em que aspectos deseja concentrar sua atenção?

Organização

A preparação organizacional para uma entrevista atende a três categorias: a estrutura da entrevista, o local onde ela se realiza e as disposições administrativas.

Estrutura da entrevista: Uma vez decidido o objetivo da entrevista e revisados os documentos pertinentes, o passo seguinte é considerar a estrutura. Mentalmente ou por escrito, você pode preparar as palavras de abertura e anotar as frases que deseja seguir.

Estrutura da entrevista

- Antes da entrevista: reserve o tempo suficiente na agenda; informe o entrevistado sobre o local onde se dará a entrevista; planeje-a.
- Durante a entrevista: estabeleça uma corrente de bom entendimento; estabeleça ou aprove os objetivos, apresente a pauta e atenha-se a ela; desenvolva os temas; resuma e chegue a conclusões ou medidas de comum acordo; planeje o próximo passo ou combine a próxima entrevista; termine a entrevista com clareza.
- Depois da entrevista: revise o conteúdo e o processo; atenha-se às medidas combinadas.

Local da entrevista: A localização da sala e seu mobiliário podem ter uma influência determinante no processo da entrevista. Você vai precisar de um local tranqüilo, sem que outras pessoas ou o telefone o interrompam, e com espaço suficiente para não se sentir desconfortável nem apertado.

É necessário haver um equilíbrio na sala, um meio termo entre os motivos de distração, como quadros, pôsteres, enfeites chamativos e "brinquedinhos de executivos", e uma ambientação excessivamente desprovida de decoração, que resulta fria e pouco acolhedora.

Se as entrevistas são feitas em equipe e há vários entrevistadores, é necessário preparar a sala de maneira que o entrevistado se sinta cômodo, e não ameaçado.

Como dispor as cadeiras? Isso possivelmente será determinado pelo grau de formalidade da entrevista e pelo espaço disponível. A disposição do mobiliário é uma das primeiras coisas em que o entrevistado vai prestar atenção. Para a maioria das entrevistas, é conveniente sentar-se do mesmo lado do entrevistado. Se as cadeiras estão dispostas ao redor de uma mesinha, há espaço para que os dois coloquem seus papéis e também para as xícaras de café. Dessa forma, não será criada uma barreira entre você e o entrevistado e nada vai sugerir que você é a figura mais importante.

Sentar-se atrás da escrivaninha pode dar a impressão de que você é inacessível, excessivamente ocupado ou que teme o entrevistado. Em alguns escritórios, você não terá opção em relação à mesa. Nesse caso, tente pelo menos que as cadeiras tenham a mesma altura e que a sala não esteja repleta de papéis e objetos que distraiam a atenção do entrevistado.

O cigarro é outro tema que demanda atenção. Em relação a esse ponto, você deve esclarecer para o entrevistado desde o princípio seu próprio critério e as normas da empresa.

Disposições administrativas:

- Qual é a melhor hora para a entrevista? No final da manhã ou ao meio-dia, se o entrevistado tiver que viajar. No final do dia, para as entrevistas de assessoramento ou de disciplina.
- Como evitar as interrupções? Transfira o telefone para outra sala e coloque na porta uma placa de "Ocupado" ou "Favor não perturbar". Utilize outra sala.
- Quantas entrevistas podem ser realizadas por dia? Se forem durar mais de 15 minutos, devem ser limitadas a um máximo de seis por dia. Se você fizer uma a mais, vai esquecer as primeiras e seu rendimento cairá nas últimas.

Realização

Agora você pode começar a entrevista seguro de que tem claros os objetivos, leu os documentos necessários, decidiu a estrutura da entrevista e arrumou a sala a seu gosto. O passo seguinte é realizar a entrevista. Pense nos pontos expostos a seguir.

Estilo

Um início acolhedor — e não ameaçador — vai melhorar qualquer abordagem que você for utilizar a seguir. A essência da entrevista é estabelecer um bom clima de entendimento com o entrevistado, para que este se sinta disposto a cooperar. Depois, um ou mais dos seguintes tipos de entrevista podem ser utilizados:

Solução de problemas em conjunto: Concentre-se em um determinado problema, analise-o com o entrevistado e conquiste seu comprometimento em relação aos objetivos combinados.

Fale–escute: Exponha ao entrevistado a informação pertinente ou sua visão da situação a ser abordada e depois escute as idéias dele a respeito das ações futuras.

Fale–venda: Supõe que você sabe mais. Você expõe os fatos e depois vende sua solução ao entrevistado. O perigo aqui é que o entrevistado não se sinta comprometido com o objetivo do entrevistador.

Escute–apóie: É possível que não surja nenhuma "solução" neste tipo de entrevista. Seu papel é permitir que o entrevistado analise as próprias preocupações e considere diferentes maneira de solucioná-las.

Tomar nota

Na maioria das entrevistas, é conveniente fazer anotações breves para completar a informação detalhada que a empresa requer.

Não é aconselhável tomar nota em uma entrevista de assessoramento pessoal, na qual é importante a confidencialidade. De qualquer modo, será necessária toda a concentração para escutar o entrevistado com toda atenção.

Um dos principais problemas das anotações é a distração, que interrompe o contato visual enquanto se escreve.

Sugestões para as anotações

- Comunique ao entrevistado sua intenção de tomar nota e sugira a ele que faça o mesmo.
- Faça anotações breves e pertinentes.
- Coloque entre aspas as palavras do entrevistado.
- Complete as anotações imediatamente depois da entrevista.
- Anote fatos, e não informações pessoais.

Preconceitos e predisposição

É essencial estar consciente de que se pode tomar decisões sobre um indivíduo ou o resultado da entrevista em muito pouco tempo. Em um caso assim, é necessário verificar se o indivíduo se baseia no "instinto" ou mais em suposições do que em fatos. Ao selecionar um candidato com o qual se vai trabalhar em estreita colaboração, é conveniente prestar atenção ao que a intuição nos diz sobre a pessoa. Também se pode analisar de onde têm origem essas decisões. É possível que a aparência, a opinião alheia ou o fato de se adiantar ou atrasar para a entrevista exerça uma influência injusta.

Quando se conhece bem o entrevistado, informações sem fundamentação também podem influenciar. Se você tiver um preconceito contra ele, só vão preponderar as interações que reforcem essa opinião. Por outro lado, é possível que um trabalho nos impressione de tal maneira que consideremos somente os aspectos positivos do entrevistado, quando também pode haver aspectos passíveis de melhora. Em qualquer um dos casos, os preconceitos podem nos conduzir a um resultado já previsto e inconscientemente favorecido. Concentre-se sempre no quadro completo, não somente nas partes que o impressionam ou decepcionam.

De qualquer forma, devemos estar determinados a que os preconceitos não nos induzam a situações de discriminação racial ou sexual, ou a uma situação de assédio sexual. Muitas empresas contam com seus próprios códigos de conduta e orientação para a igualdade de oportunidades. Se você tiver de realizar muitas entrevistas, é recomendável familiarizar-se com esses códigos e com as leis referentes a esses temas.

Depois da entrevista

As três atividades posteriores à entrevista são: reescrever e complementar as anotações, cumprir com as medidas combinadas e se auto-avaliar.

Reescrever e complementar as anotações

Assim que o entrevistado sair, reescreva suas notas, o que pode significar preencher um formulário ou ficha. Não deixe para mais tarde: quando estiver novamente submerso na agitação do trabalho, as anotações provavelmente não farão sentido algum.

Cumprir com o que foi combinado

Se você se prometeu buscar certa informação, fale com um colega, marque uma reunião ou entre em contato com um cliente, e depois faça um planejamento. Quanto tempo você deve reservar para concretizar o combinado? O que mais será necessário fazer? Qual é o prazo? E a data de revisão?

Revisão e auto-avaliação

Reserve um tempo para repassar a entrevista e avaliar sua atuação. O resultado foi satisfatório? Você estava bem preparado?

Algumas perguntas para a auto-avaliação

- Estabeleci um bom clima de entendimento desde o princípio da entrevista?
- Expus com clareza meu programa e objetivos?
- Entramos em acordo em relação a um programa e objetivos conjuntos?
- Escutei tudo o que ele me disse?
- Resumi com precisão?
- Segui meu planejamento da entrevista? Caso contrário, foi apropriado não segui-lo?
- Conseguimos chegar a um consenso em relação à atuação futura?
- A entrevista foi produtiva para os dois lados?
- O que farei diferente da próxima vez?

Técnicas gerais

O cenário está pronto, você já definiu os objetivos básicos e os resultados esperados da entrevista. Agora é o momento de considerar exatamente como atingi-los. Há um bom número de técnicas gerais muito úteis que contribuem para uma entrevista bem-sucedida. Muitas fracassam simplesmente porque o entrevistador não seguiu algumas diretrizes básicas.

Técnicas básicas para entrevistar

- Escuta ativa
- Perguntas
- Linguagem corporal
- Obstáculos

Escuta ativa

É a técnica-chave para qualquer tipo de entrevista. Escutar efetivamente supõe muito mais que se limitar a não falar ao mesmo tempo que o outro — um armário pode fazer isso. É necessário ser ativo ao processar o que se escuta e reagir adequadamente. Experimente fazer uso das seguintes técnicas e verá quão ativa pode ser a escuta.

Parafrasear

Trata-se de uma maneira de repetir com a maior exatidão possível o que foi dito pelo outro; usar as próprias palavras para demonstrar que escutou e compreendeu. É muito útil reproduzir o que se ouve: comprova se você entendeu e pode servir para que o outro esclareça o que disse. Parafrasear ajuda a recordar e pode evitar imediatamente um mal-entendido.

"Então o que ocorreu foi que..."

"Quer dizer que..."

"De modo que quando você entrou aqui, achou que seria chefe do departamento em cinco anos e já se passaram seis e você não vê sinais de que isso vá ocorrer."

Esclarecer

Ao mesmo tempo que induz o interlocutor a esclarecer o que quer dizer, esta técnica realça a mensagem: "Eu realmente quero compreender". É grande a tentação de pensar que sabemos o que alguém quer dizer, quando a única indicação dada é um vago "Sabe?" ou uma frase inconclusa. O esclarecimento nos permite enfocar um detalhe específico, e não a generalização.

"Não, acho que não compreendo o que você quer dizer..."
"Não entendo muito bem se o que mais lhe interessa é sua posição na empresa ou ter mais responsabilidades."

Estímulos

Os estímulos têm por objetivo incentivar a pessoa a continuar falando, enquanto o entrevistador fala o mínimo. Uma maneira é repetir uma palavra ou uma frase curta, do mesmo modo que o entrevistado, o que o anima a discorrer mais sobre determinado assunto. Tal atitude costuma soar como uma pergunta.

"Chefe de departamento?"
"Você gosta de negociar."

Outro modo de encorajar é permanecer calado e assentir com a cabeça ou dizer: "Hã, hã", "Humm...", "Sim", "Entendo". O entrevistado continua falando, confiante de que é escutado.

No entanto, se você exagerar no uso desses estímulos, pode "se descobrir" não escutando, mas sim movendo a cabeça como um cachorrinho.

Silêncio

O silêncio ajuda de duas maneiras. Em primeiro lugar, significa que você escuta a frase até o final sem intervir quando acredita que compreendeu o suficiente. Às vezes, as pessoas precisam de tempo para pensar e uma oportunidade de respirar antes de continuar. Em segundo lugar, deixa um espaço de tempo entre o que você diz e a resposta do entrevistado, que ganha tempo para considerar o que você disse e como isso o afeta, sobretudo se você tocou em uma área sensível.

Resumir

Trata-se de uma técnica muito útil para reunir o que foi dito até o final de uma parte da conversa ou mesmo da entrevista inteira. Um resumo oferece uma comprovação final de que tudo ficou claro, depois de combinadas certas medidas ou decisões a serem tomadas e antes de se separarem.

> "Vejamos se eu entendi bem. Você se sente frustrado com seu cargo na empresa. Está preocupado que seu ritmo de trabalho esteja decaindo e acredita que isso seja um obstáculo para progredir. No decorrer desta semana, você vai prestar atenção em como emprega seu tempo e eu vou procurar oportunidades de treinamento para você."

Perguntas

Uma vez que você e o entrevistado estejam seguros de que compreenderam tudo o que foi exposto, chega o momento de reunir mais informação. Evidentemente, o tipo de pergunta feita vai determinar o que se deseja saber ou falar a seguir.

Tipo de pergunta

- Perguntas abertas
- Perguntas hipotéticas
- Perguntas fechadas
- Perguntas a serem evitadas

Perguntas abertas

Como o próprio nome indica, estas perguntas fazem precisamente isso: abrem uma zona de indagação que permite ao entrevistado expor sua opinião sobre um tema da maneira que quiser.

"Você poderia me dizer algo mais sobre...?"
"O que você acha de tal assunto?"
"De que maneira isso poderia influir nas suas oportunidades de ascensão?"

As perguntas abertas costumam começar com interjeições como: o que, qual, como, quando, onde, quem ou por que. Deve-se, no entanto, ter cuidado com as perguntas do tipo "por que". Apesar de abertas, podem dar a impressão de interrogatório ou de certa agressividade.

Perguntas hipotéticas

Este tipo de pergunta encoraja o indivíduo a utilizar sua imaginação.

"Qual é a sua idéia de um cliente muito difícil?"
"Como você faria para lidar com esse cliente?"
"Onde você se vê daqui a cinco anos?"

Assim como ocorre com as idéias luminosas durante o treinamento, um indivíduo pode imaginar processos geniais e inovadores nas entrevistas cara a cara. O entrevistado deve sentir claramente que você realmente deseja escutar suas idéias e que não é sua intenção aprisioná-lo em uma armadilha. Portanto, evite as perguntas hipotéticas nas entrevistas de seleção e contratação de pessoal. Os candidatos tentarão dar a resposta "correta".

Perguntas fechadas

Estas perguntas requerem uma resposta simples: sim ou não. São úteis quando se deseja uma informação precisa ou quando se quer interromper uma conversa irrelevante. Convém utilizar estas perguntas com moderação, pois podem finalizar a conversa antes do tempo.

"Você foi o responsável pela contabilidade quando Sally estava de licença?"

"Você estaria interessado em uma mudança de função dentro do mesmo departamento?"

Perguntas a serem evitadas

Há várias perguntas a serem evitadas.

- Não faça perguntas relativas a seus interesses pessoais ou que satisfaçam sua curiosidade. "Talvez isso não venha ao caso, mas sempre fui fascinado pela publicidade de seu departamento."
- Não faça mais de uma pergunta por vez. "Você diria que, até o presente momento, está satisfeita com seu progresso? A que tipo de promoções você se candidatou? Você tem tido desejo de mudar de emprego ultimamente?" Qual dessas perguntas você acha que o entrevistado responderia?
- Não responda sua própria pergunta. "Como você se sentiu quando Sally foi promovida? Furioso, suponho."
- Não faça perguntas indutivas. "Você não quer incomodar ninguém, não é?"

Linguagem corporal

Não é somente o conteúdo do que é dito que importa; a maneira como se diz algo produz um efeito maior que o das próprias palavras. Os seguintes fatores podem influenciar no resultado da entrevista:

- Tom de voz
- Hábitos
- Contato visual
- Postura

Tom de voz

O tom de voz usado na entrevista pode dar diferentes sentidos à mensagem transmitida. Uma pergunta sincera sobre o peso do trabalho de um funcionário pode parecer uma frase dita aleatoriamente (se o tom for excessivamente baixo), uma acusação (tom excessivamente forte), uma desculpa (tom excessivamente confuso) ou uma indireta desagradável (um leve sarcasmo).

Hábitos

Você nunca reparou que o hábito de tamborilar com os dedos ou a caneta o faz perder a linha de raciocínio? Alguns de nossos gestos constituem reações habituais, seja porque nos sentimos fascinados, aborrecidos ou pressionados pelo interlocutor. O problema é que o indivíduo não se dá conta do que faz e o outro pode interpretar mal o gesto. Pergunte a seus colegas sobre seus hábitos.

Tenha o cuidado de:

- não apontar com o dedo ou com a caneta;
- não cobrir a boca com a mão;
- não sorrir de maneira imprópria;
- não bater os pés;
- notar se seus gestos reforçam ou contradizem sua mensagem.

Contato visual

Um modo de demonstrar interesse em alguém e no que ele diz é sustentar o olhar de uma maneira estável enquanto o outro fala. Entre 5 e 10 segundos de contato visual antes de desviar a vista é suficiente para demonstrar atenção. Um contato visual de mais de 10 segundos sem interrupção pode começar a intimidar. Olhos vagando podem dar a impressão de enfado, temor ou falta de sinceridade. Observe como você se sente quando outra pessoa olha para você ou desvia o olhar. Se o contato visual for difícil, fixe o olhar na testa ou no nariz do interlocutor. Dessa forma, você se concentra em uma área importante.

Postura

Esteja atento ao modo como você se senta durante a entrevista. Se cruzar braços e pernas, vai parecer pouco receptivo e sentir tensão. Solte-se e poderá respirar com mais liberdade e transmitir acessibilidade. Incline-se para a frente para aumentar o impacto.

Considere o espaço entre você e o entrevistado. Algumas pessoas se sentem confortáveis com a proximidade, já outras sofrem de claustrofobia. Esteja atento para criar um espaço agradável.

Obstáculos

Na segunda-feira vimos os obstáculos estruturais para uma entrevista. A seguir vamos considerar algumas atitudes que podem ser obstáculos para uma entrevista eficaz.

Fazer comparações

No caso, por exemplo, de o entrevistador querer determinar se o entrevistado é mais inteligente que ele mesmo ou se tem maiores possibilidades de atrair a atenção do gerente. Enquanto a pessoa fala, o entrevistador pensa:

> "Será que essa moça poderia realizar minhas tarefas tão bem quanto eu?"
> "Essa idéia é melhor que qualquer uma das minhas."

Ouvidos abertos, mente fechada

Às vezes, supomos com excessiva rapidez que já sabemos o desenrolar de uma conversa — ou por já termos falado com essa pessoa antes ou, o que é mais perigoso, por alguém já nos ter "advertido de antemão". Podemos achar que não há razão para continuar prestando atenção, já que não vamos escutar nada de novo. Ou também podemos fazer uma seleção e escutar somente o que se ajusta às nossas noções preconcebidas. Quanto mais se acredita conhecer uma pessoa, maior a probabilidade de fazer suposições durante a entrevista. Essas suposições são perigosas; você pode se encontrar seguindo outra linha de raciocínio e levar muito tempo para voltar à inicial.

Capa vermelha

É comum que certas palavras ou frases nos produzam uma reação emotiva imediata. Assim como o touro arremete contra uma capa vermelha, às vezes deixamos de escutar e saltamos contra uma palavras, ou frase ofensiva. Se seus colegas descobriram tais palavras, podem aproveitá-las para eliminar a entrevista do seu planejamento.

Distrações

Podem ser pensamentos alheios ao tema e/ou imagens que lhe vêm à cabeça. ("Enviei o memorando?" "Como solucionar aquele erro nas contas?", "O que tem de almoço?") Você deve manter esses pensamentos de lado ou fazer uma rápida anotação mental para que eles não o distraiam durante um período de tempo muito longo.

Linguagem

Escolha cuidadosamente suas palavras e adapte-as segundo o entrevistado.

Lista de checagem

Você provavelmente já utiliza muitas das técnicas apresentadas hoje. Se houver algumas que você precisa acrescentar ao seu repertório, experimente-as e verifique o que ocorre em sua próxima entrevista. Pense nas boas e bem-sucedidas entrevistas que já realizou. Que técnicas utilizou e o que determinou seu sucesso?

Técnicas de entrevista para recordar

- Escutar atenta e ativamente.
- Fazer com que o entrevistado tenha a oportunidade de dizer o que deseja.
- Não deixar de atestar e demonstrar que compreendeu o que foi dito pelo entrevistado.
- Considere o tipo de perguntas mais conveniente.
- Esteja atento à linguagem corporal (tom de voz, hábitos, contato visual, postura).

Seleção e contratação

Até agora vimos algumas técnicas e objetivos gerais. Hoje vamos abordar especificamente as entrevistas para seleção e contratação de pessoal.

Entrevistas de seleção

- Preparação
- A entrevista
- Prosseguimento

Preparação

Como sempre, a preparação é o passo mais importante do processo da entrevista.

Tipo de entrevista

A maioria das entrevistas de contratação é realizada entre duas pessoas: o candidato e o empresário e/ou diretor/gerente. Em alguns casos, a seleção é feita por funcionários de diferentes setores ou departamentos da empresa onde há uma vaga. Neste tipo de entrevista, que chamamos de "painel", o candidato terá de se reunir separadamente com cada um dos entrevistadores.

É necessário haver uma reunião conjunta antes das entrevistas, para decidir quem vai presidir o grupo e combinar que aspecto cada entrevistador vai abordar. É conveniente que cada um se atenha a seu próprio campo e não faça perguntas que correspondam a outros. Nem é preciso dizer que disputas ou discussões entre os componentes do painel durante a entrevista não causam uma boa impressão, pois o candidato também está avaliando a empresa.

Um problema que aparece nesse tipo de entrevista em série é a dificuldade para coordenar as agendas dos executivos muito ocupados.

Hoje vamos nos concentrar nas entrevistas individuais.

Finalidade

Para poder realizar uma boa entrevista de seleção, é necessário pensar no motivo pelo qual se escolhe este método em vez de outro, como, por exemplo, os testes de personalidade ou as referências.

Reunir informação: Uma das razões da entrevista é comprovar a veracidade da informação fornecida pelo candidato, seja via currículo, carta ou formulário de solicitação de emprego. Deve-se buscar discrepâncias, perguntas sem resposta ou respostas incompletas. Uma vez expostas essas questões na entrevista, elas podem acrescentar um material totalmente novo e inesperado.

Cotejar: É necessário observar atentamente se o candidato concorda com a descrição do posto de trabalho e o perfil requisitado. Ele também deve se adequar ao tipo da empresa solicitante. Um indivíduo encantador com centenas de qualificações mas sem gosto para se vestir não será adequado para um ateliê de moda de alta-costura.

Para cada cargo

- É necessário um certo "tipo" de pessoa?
- É necessário um conjunto específico de habilidades?
- Se a resposta for positiva para ambas as perguntas, qual delas é a mais importante?

O entrevistado também aproveita a entrevista para identificar de que maneira o entrevistador e a empresa se adaptam às suas necessidades e expectativas.

Comparar personalidades: A entrevista lhe permitirá ter uma visão completa do entrevistado. No papel, costuma ser muito difícil distinguir as qualificações e qualidades de um candidato, que se tornam evidentes quando ele está diante de nós. Pode-se utilizar a entrevista para comparar a reação dos candidatos quando estão sob pressão. Esse ponto pode ser importantíssimo na decisão de dar ou não a ele o cargo.

Planejamento da entrevista

É essencial para o sucesso. Uma vez claros os objetivos, pode-se planejar a maneira de atingi-los. Você se sentirá mais seguro e relaxado se preparar um roteiro claro e fácil de seguir e que seja igual para todos os candidatos. Isso também servirá para não se desviar do programado.

Planejamento da entrevista

- Disposição do mobiliário
- Distribuição do tempo
- Perguntas do entrevistador
- Perguntas do entrevistado

Disposição do mobiliário: Como vimos na segunda-feira, a preparação da entrevista produzirá uma impressão imediata nos candidatos. Assim como você fará julgamentos instantâneos sobre estes, estes também farão deduções a seu respeito.

Se você tiver uma secretária, é mais fácil assegurar-se de que não haverá interrupções; caso contrário, coloque um aviso na porta, desvie as ligações ou tire o telefone do gancho. Se você divide a sala com outros colegas, será necessário combinarem um horário em que ela fique disponível ou fazer as entrevistas em outra sala.

Muitas pessoas gostam de realizar as entrevistas em um hotel, para garantir a tranqüilidade e independência, mas isso priva os candidatos da oportunidade de ver seu possível local de trabalho e sentir o ambiente. Eles podem achar que você está ocultando alguma coisa.

Distribuição do tempo: Convém estabelecer um horário que reserve tempo suficiente para realizar a entrevista, refletir, escrever, completar as notas e preparar-se para o candidato seguinte. A maioria das entrevistas durará entre 20 minutos e meia hora. Talvez seja necessário mais tempo para a segunda entrevista, para as entrevistas de painel ou no caso de a vaga ser para um cargo mais importante.

É necessário deixar um mínimo de 10 minutos entre cada candidato, o que dá tempo para completar as anotações e idéias sobre o candidato anterior e preparar-se e concentrar-se para o seguinte. Se você planejou tomar chá ou café com o entrevistado, reserve também um tempo para descansar.

Se você estiver atrasado, avise ao candidato que está esperando, seja pessoalmente ou por meio de um colega ou secretário, pois isso demonstra que você também respeita o valor do tempo dele.

Perguntas do entrevistador: Prepare algumas perguntas para cada candidato antes da entrevista. Segundo as respostas, as demais perguntas poderão diferir. É importante ser coerente com cada candidato. Aqui vão algumas sugestões:

Perguntas de abertura

- "Foi fácil chegar até aqui?"
- "Você já conhecia essa região/zona/bairro?"

Perguntas mais aprofundadas

- "Por que você escolheu estudar nessa escola/instituto/universidade?"
- "Que aspectos da sua formação mais lhe agradam? E quais não?"
- "O que o motivou a escolher uma profissão nesse campo?"
- "Há quanto tempo você está nesse emprego? Por que deseja mudar de empresa?"
- "De que maneira acredita que sua profissão o capacita para esse cargo?"
- "Com que fatores positivos você pode contribuir para este cargo?"
- "Existe algum fator negativo que poderia limitá-lo no seu trabalho?"

Uma advertência: quando pensar nas perguntas, lembre-se da legislação atual e das normas da empresa em relação à igualdade de oportunidades. Isso também vale para colocar no anúncio, sobre o cargo e a descrição de sua função. Assessore-se sobre esse tema com o departamento pessoal e dirigentes superiores.

Durante a entrevista, tome notas breves sobre os pontos-chave. Se você preparou um ambiente informal para sentar-se, seria conveniente utilizar uma prancheta ou apoiar seu bloco de notas na ponta de uma mesa. Lembre-se de que você reservou um mínimo de 10 minutos depois da entrevista para reunir e completar suas anotações, o que o ajudará a tomar a decisão final.

Perguntas do entrevistado: É possível que durante a entrevista o candidato já tenha feito suas perguntas. De qualquer forma, vale a pena verificar se ele tem algo mais a perguntar ou acrescentar. A maioria dos entrevistados terá preparado suas perguntas e elas fornecerão mais informações sobre as prioridades, os pensamentos e as atitudes do candidato.

Assim como você desejava esclarecer alguns pontos do material escrito, ele talvez também perceba que falta algo na informação que você disponibilizou. Prepare-se para algumas perguntas relativas ao trabalho, tais como:

- Por que o cargo está disponível?
- Quais são as metas do cargo nos primeiros seis/doze meses?
- Pode me explicar exatamente no que consiste ou o que pressupõe esse trabalho?

Talvez lhe perguntem sobre a hierarquia da empresa, a quem prestar contas, o sistema de mensuração ou avaliação do trabalho. Se você não for o único responsável pela vaga, o candidato vai desejar saber a quem mais vai responder. Prepare-se para perguntas relativas à organização, tais como:

- Como meu trabalho será supervisionado?
- Quem vai me avaliar?
- Que sistema de avaliação a empresa adota?
- Quantos funcionários estarão sob minha supervisão?

Se um candidato tiver interesse em trabalhar na sua empresa, vai querer saber sobre as oportunidades de ascensão na carreira. Ainda que não aspire a um cargo de diretoria, desejará saber de que meios dispõe para colocar-se em dia na sua área de trabalho. Prepare-se para perguntas de desenvolvimento pessoal, como, por exemplo:

- Que tipo de programas de desenvolvimento e treinamento de pessoal a empresa oferece?
- Como se determina a seleção para cursos de formação complementar?
- É possível freqüentar cursos sem ter de repor as horas de trabalho?

A entrevista

A entrevista seguirá uma ordem. Uma fase de abertura, para tranqüilizar os ânimos do candidato e possivelmente os do entrevistador; as perguntas mais aprofundadas; as perguntas do candidato (que talvez já tenham sido feitas); e a conclusão.

Fases da entrevista

- Abertura
- Conversa mais detalhada
- Perguntas
- Final

Abertura

Talvez seja este o momento de expor a estrutura da entrevista e, em geral, criar o clima propício para que ambos se sintam confortáveis. Depois dos cumprimentos e dos comentários irrelevantes, você pode dizer algo como:

Introdução

- "Gostaria de esclarecer alguns pontos da sua solicitação de emprego."
- "Posteriormente gostaria de falar da sua formação e histórico profissional no que se relaciona a este cargo."
- "A seguir, falarei brevemente sobre a empresa e como ela funciona.
- Finalmente, será para mim um prazer responder a qualquer pergunta que não tenha sido respondida durante a conversa.

Uma estrutura lógica e exposta previamente garante que tanto entrevistado quanto entrevistador saibam em que direção caminham. Embora você tenha preparado algumas perguntas para cada candidato, elas servem apenas como diretrizes e se transformarão em pedras no caminho se você não se permitir certa flexibilidade.

Conversa mais detalhada

Você identificou algum ponto no material escrito que precise de esclarecimento? A informação prévia que você possui do candidato é originária do formulário de solicitação, do currículo, de cartas, testes de personalidade e outros tipos de teste. Você já os terá relido antes da entrevista e detectado determinados aspectos de interesse e de preocupação.

Uma advertência: procure não fazer suposições baseadas em material escrito nem realizar a entrevista tentando verificar se são ou não corretas.

Em seguida, será conveniente formar uma idéia clara dos antecedentes do candidato em relação à sua educação e passado profissional. Para isso, você já terá preparado perguntas baseadas no perfil do candidato e na descrição do trabalho. Verifique se as habilidades e a personalidade do candidato correspondem aos requisitos da vaga. Comente sobre o cargo e sonde o candidato para detectar idéias ou possíveis aspectos problemáticos.

"Suas três últimas mudanças de trabalho parecem manter o mesmo nível de responsabilidade. Como você vê essa nova mudança?"

Final

É responsabilidade do entrevistador indicar o final da entrevista. Talvez seja conveniente fazer um resumo para determinar o ponto a que se chegou e decidir qual será a próxima etapa, caso ela seja necessária.

"Estou entrevistando vários candidatos para esta vaga. Hoje termina a fase das entrevistas. Na quinta-feira da semana que vem já terei uma decisão e entrarei em contato."

Verifique se os gastos do candidato foram cobertos, agradeça-lhe o tempo dedicado, levante-se e acompanhe-o até a porta.

Prosseguimento

Agora é necessário pensar naquilo que disse ao candidato que faria depois da entrevista: escrever e refletir sobre as anotações e, em seguida, decidir. Se nenhum dos candidatos demonstra uma aptidão sobressalente para o cargo, não caia na tentação de contratar o melhor de um grupo ruim. Você provavelmente terá de repetir o processo inteiro e gastar tempo e dinheiro extra em vez de sobrecarregar a empresa com um funcionário medíocre e gerar problemas futuros. Talvez seja suficiente convocar algumas pessoas para uma segunda entrevista.

Antes de tomar uma decisão, tenha presente os seguintes pontos-chave:

Aptidão do candidato

- Qualificações
- Semelhanças com o emprego anterior
- Capacidade de executar o trabalho
- Iniciativa
- Adequação à descrição do cargo
- Adequação ao perfil requisitado

Os candidatos estarão esperando a decisão no dia combinado. Cumpra este compromisso, pessoalmente ou por meio de alguém em seu nome. Se você ainda não checou as referências, este é o momento de fazê-lo; qualquer oferta de trabalho dependerá de referências satisfatórias.

Lista de verificação

Há muitos pontos a serem considerados para as entrevistas de seleção e contratação. Uma preparação minuciosa e a determinação dos principais objetivos permitirão direcionar a energia para que a entrevista bem-sucedida.

Perguntas de verificação

- Você tem claros a descrição do cargo e o perfil requisitado para a vaga?
- Você distinguiu a realidade das suposições?
- Como vai arrumar a sala para as entrevistas?
- Decidiu e anotou suas perguntas-chave?
- O que o candidato poderia lhe perguntar?
- Há tempo suficiente para uma pequena pausa entre uma entrevista e a outra?

Avaliação

Na quarta-feira, você entrevistou os candidatos e selecionou o mais adequado para a vaga. Hoje vamos abordar uma maneira de incentivar o contratado a continuar na empresa: a avaliação. A fim de favorecer um processo de comunicação de mão dupla, são realizadas entrevistas de avaliação, em geral anualmente. Ambos os envolvidos devem compreender e assumir que se trata de uma oportunidade para troca de idéias, e não um pretexto para um festival anual de críticas e repreensões.

Entrevistas de avaliação

- Finalidade
- Preparação
- A entrevista
- Prosseguimento

Finalidade

Antes de embarcar em qualquer tipo de avaliação de pessoal, é necessário ter bem definido como a empresa define as entrevistas de avaliação e o que espera delas. No mínimo, uma entrevista de avaliação é um meio de comunicar aos funcionários em que medida seu desempenho se ajusta aos critérios estabelecidos. Também oferece a oportunidade aos funcionários de expressar suas opiniões sobre o trabalho que executam.

Possíveis objetivos da avaliação

Da organização

- Reduzir as demissões dos funcionários.
- Identificar os pontos fortes e as fraquezas dos funcionários.
- Obter informação para o planejamento de recursos humanos.
- Melhorar a comunicação dentro da empresa.

Administrativos

- Melhorar o rendimento atual.
- Avaliar o desenvolvimento ou a possibilidade de promoção.
- Estabelecer objetivos para o desempenho.
- Identificar as ambições do avaliado.
- Obter informações para a revisão salarial.

Individuais

- Reconhecimento do trabalho bem-feito.
- Revisão de desempenho.
- Abordar os pontos fracos e a forma de melhorá-los.
- Conquistar comprometimento para o treinamento.
- Explorar uma possível promoção na carreira.

Existe na empresa algum documento que explique as suas normas e estabeleça as suas expectativas? Existe um manual de avaliação?

Também é necessário levar em consideração quem terá acesso ao conteúdo da entrevista e se esta será gravada ou transcrita em um relatório. O avaliado também precisa dessa informação, pois influirá no que ele vai dizer durante a entrevista.

Desempenho e salário

Sempre que possível, é conveniente separar a avaliação de desempenho da revisão salarial. Na entrevista de avaliação, é necessário incentivar uma clima de receptividade e franqueza na conversa, o que é muito mais difícil quando os funcionários acreditam dever mostrar somente os êxitos para assegurar uma maior remuneração. O mesmo pode ocorrer com o entrevistador, que deve moderar um pouco a avaliação para ajustar-se ao orçamento disponível para a recompensa de um bom trabalho. Isso pode conduzir a um pré-julgamento de uma série de entrevistas, a fim de que se ajustem à situação econômica. Outra vantagem de separar essas duas entrevistas é que, posteriormente à avaliação o funcionário pode trabalhar nas melhorias combinadas antes mesmo da entrevista de revisão salarial.

Preparação

É fundamental preparar-se para a entrevista de avaliação. É importantíssimo que tanto você quanto o funcionário estejam avisados da entrevista com no mínimo dez dias de antecedência, o que dará a ambos o tempo necessário para pensar a fundo sobre os temas a serem abordados.

Você terá de reservar um tempo para ler a avaliação do ano anterior e pensar na atual. Na verdade, você deve ler todos os documentos pertinentes antes de estruturar a entrevista. Se a empresa utiliza algum formulário especial, ele poderá ser um esboço de trabalho a ser realizado.

Documentos úteis

- Avaliações anteriores
- Descrição do trabalho
- Critérios de desempenho
- Relatos de acontecimentos do ano anterior
- Expedientes do funcionário
- Relatórios de outros
- Informação sobre sua formação
- Exemplos que dão sustentação ao que foi dito
- Formulário de avaliação em branco
- Temas que deseja abordar com o funcionário

Muitas empresas também entregam ao funcionário um formulário para que faça anotações e analise o foco da entrevista. Se desejar, ele pode entregar-lhe esse formulário antes da entrevista. Se dispuserem de tempo, podem fazer uma breve reunião prévia para discutir a pauta, a fim de que ambos saibam a que se ater durante a entrevista e assim não percam tempo negociando.

Nada de surpresas

Uma entrevista de avaliação não é o momento para surpresas. Serão tratados assuntos que surgiram durante todo o ano, entre os quais haverá aspectos positivos e também outros passíveis de melhora. Com a expectativa da entrevista, talvez ambos tenham tomado nota do que foi dito e feito em ocasiões importantes desde a entrevista do ano anterior. É necessário, e muito útil, revisar essas anotações antes da entrevista.

Relatórios de outros

Se você for o principal chefe de um funcionário a ser entrevistado, que outras pessoas possuem informação pertinente sobre seu trabalho? Será necessário falar com essas pessoas antes da entrevista. Esse procedimento pode consumir bastante tempo, sobretudo se houver atritos entre seu funcionário e esta outra pessoa. É importante reunir fatos e provas a respeito do comportamento profissional do funcionário — e não se basear em rumores ou opiniões sem fundamento. Talvez seja necessário chegar a um equilíbrio e discernir entre imagens bastante diferentes da mesma pessoa.

Tempo

Ambos devem dispor de uma hora e meia para a entrevista, o que lhes dá tempo para ordenar os pensamentos e tomar notas depois da entrevista, antes de voltar à rotina de trabalho. Se ela durar mais de uma hora, vale mais retomá-la em outra ocasião do que chegar penosamente a um final amargo, pois estarão cansados e a produtividade cairá.

Como vimos na terça-feira, escutar ativamente requer muitíssima atenção. É incrível a energia que consome. Lembre-se disso quando calcular as entrevistas de avaliação que podem ser realizadas em um dia. Se você tem mais de dois funcionários para serem avaliados, seria conveniente espaçar as entrevistas ao longo do ano.

A entrevista

É importante criar uma entrevista equilibrada. Você deve reconhecer e elogiar os pontos fortes do funcionário, assim como ter também muito claros os aspectos a serem melhorados. O entrevistado deve sair da entrevista sentindo um desafio positivo.

Finalidade

Uma boa maneira de começar a entrevista de avaliação é recordando ao entrevistado a razão pela qual se reuniram. É provável que ele se sinta apreensivo e inseguro, especialmente se for a primeira entrevista de avaliação com você ou na empresa. Trata-se de uma entrevista que ficará registrada e que pode influir em uma promoção e na perspectiva de um aumento da remuneração salarial. Você já sabe qual é a finalidade; esclareça a ele também. Insista que a entrevista é uma oportunidade para o diálogo e a análise construtiva. Avise-o que você vai fazer anotações curtas e recomende que ele também o faça.

Pauta

Esta já pode ter sido combinada em uma breve reunião anterior à entrevista. Cada um terá prontos os temas que deseja abordar, que vão coincidir em grande parte. Nesse momento, você deve expor a pauta a ser seguida e entrar em acordo com o entrevistado.

Começará com:

- os pontos fracos do entrevistado?
- os pontos fortes?
- a avaliação do entrevistado em relação a esses dois pontos?

Continuará com:

- o formulário de avaliação na ordem exata?
- a descrição do trabalho ponto por ponto?

Quando falará sobre

- cursos de treinamento?
- objetivos do próximo ano?

Seja qual for sua decisão, comunique-a ao entrevistado. Mantenha um critério amplo e se a conversa se desviar do tema por alguma "boa" razão, deixe-se levar por ela.

Lembre-se da escuta ativa de terça-feira. Procure dar ao entrevistado amplas oportunidades de manifestar seus pensamentos e suas idéias. Não domine a conversa.

Aspectos-chave a abordar

- A avaliação e os objetivos do ano anterior
- Problemas surgidos durante o ano
- Êxitos no decorrer do ano
- Aspectos a melhorar/treinamento/progresso
- Nível de desempenho passado/futuro
- Aspectos satisfatórios/insatisfatórios do trabalho
- Estabelecimento de objetivos futuros

Dar opiniões

A maneira mais eficaz para se obter uma comunicação recíproca é criar uma atmosfera de segurança e confiança. Lembre-se de que a avaliação é um processo de mão dupla: se você tiver motivos para criticar o entrevistado, não se esqueça de que talvez ele não perca a ocasião e lhe faça críticas também.

Dar opiniões

- Fatos concretos e específicos
- Comportamento/seu efeito sobre os demais
- Sentimentos
- Idéias do entrevistado/possíveis mudanças
- Resultados

Fatos concretos e específicos

Seja a avaliação positiva ou negativa, é melhor fazer referência a fatos específicos que foram observados ou então informados por outras pessoas. É necessário estimular o progresso e a tomada de consciência do entrevistado, o que não será alcançado com frases como "Isso foi fabuloso" ou "Foi péssimo o que você fez". Dê exemplos claros.

"Gostaria de falar sobre seu papel na comissão de segurança. Soube que as atas têm demorado mais de duas semanas para circular."

"Vamos dar uma olhada na última vez que a representante da Holanda esteve aqui."

Comportamento/seu efeito sobre os demais

Antes de criticar, é necessário pensar sobre que "parte" do comportamento se deseja comentar. Ou você deseja que um indivíduo modifique sua conduta ou quer que continue com um comportamento considerado correto e eficaz. Você também pode ter algo a acrescentar acerca do efeito desse comportamento sobre os demais.

Se for sugerir uma mudança, esteja seguro de que é algo que o entrevistado pode fazer. Comentários do tipo "Se você tivesse passado pela experiência de um incêndio no escritório, entenderia melhor a urgência" são muito contraproducentes. É melhor dizer algo como:

"As decisões acertadas na comissão de segurança e higiene afetam todos os funcionários. Quando você se atrasa na redação das atas, os colegas ficam nervosos."

Seja claro ao reforçar os pontos positivos:

"Gostei muito de ver como a escutava, deixava-a terminar sua exposição e depois resumia o plano de ação combinado. Ela também parecia satisfeita."

Sentimentos

É importante expressar os próprios sentimentos sobre a situação, pois pode ser uma maneira de transmitir ao entrevistado a força da sua crítica ou do seu elogio.

"Gostei muitíssimo..."; "Fiquei encantado..."
"Eu me sinto cada vez mais desconfortável quando..."
"Isso me produziu uma sensação muito, muito desagradável."

Idéias do entrevistado/possíveis mudanças

São fundamentais no processo de avaliação. O objetivo é chegar a um acordo que seja aceitável para os dois; desse modo, o sucesso será maior do que se você impuser suas idéias sem discussão. Muitas vezes, quando pedimos aos avaliados idéias ou sugestões sobre uma mudança, eles têm muito a dizer. Afinal, sabem como as coisas ocorrem, passaram o ano inteiro envolvidos com elas. Se você não for capaz de fazer com que expressem as próprias idéias, não conquistará seu comprometimento.

Resultados

Quais são as possíveis conseqüências do comportamento que está sendo avaliado? Elas podem influenciar na realização de um acordo sobre a necessidade de uma mudança. Exemplificando:

"É fundamental que essas atas estejam em circulação em 48 horas. Caso contrário, a impressão que fica é que não nos interessamos pelos problemas da segurança da empresa."

"Se você continuar praticando essa escuta ativa, verá como será muito mais fácil negociar."

Ouvir opiniões

Durante a entrevista de avaliação, você pedirá ao entrevistado que faça comentários e dê idéias de mudanças. É bem possível que alguns destes comentários ou idéias incluam críticas a você. **Escute** o que ele tem a dizer e pense cuidadosamente antes de responder. Talvez você também tenha algo a aprender.

Receber críticas

O que **não** fazer:

- Negar a crítica.
- Colocar-se na defensiva.
- Discutir.
- Ficar bravo.
- Justificar-se.

O que fazer:

- Escute atentamente.
- Peça esclarecimento.
- Avalie se o comentário é pertinente.
- Em caso positivo, o que pode ser feito.
- Se não for pertinente, ou somente em parte, como essa impressão surgiu.
- Manifeste sua disposição para mudar.
- Avalie o que você aprendeu.

Plano de ação e resumo

Tente chegar a acordos claros em relação a objetivos, medidas e desempenho para os doze meses seguintes. O plano de ação deve incluir datas de revisão e critérios para determinação do sucesso. Comprometa-se com qualquer oportunidade de treinamento que tenha sido mencionada e sua realização.

Seu resumo consistirá em uma recapitulação de todos os temas, problemas, mudanças, planos de ascensão e aspectos satisfatórios nos quais tenham chegado a um acordo.

Você pode explicar ao entrevistado o que vai registrar no relatório de avaliação e marcar a data em que será entregue para seu comentário e assinatura.

Sempre que possível, tente terminar a entrevista com uma nota positiva, mesmo quando pareceu ter pedido mais mudanças do que estimulado o prosseguimento de um bom trabalho. Recorde-lhe os aspectos com os quais está satisfeito e reforce o que foi combinado sobre os pontos a serem melhorados. Isso é essencial para o comprometimento do indivíduo.

Prosseguimento

Muitas empresas exigem um registro da entrevista de avaliação. Seja o preenchimento de um formulário pronto ou a redação de um relatório à sua maneira, faça-o logo que acabar a entrevista. Você terá feito anotações breves dos pontos mais importantes durante a entrevista. Agora é o momento de estender-se e detalhar mais.

Realize tudo o que foi combinado com o entrevistado, o que inclui os cursos de treinamento, o aproveitamento de qualquer oportunidade para oferecer-lhe orientação profissional ou assessoramento. Uma vez concluído esse processo, comece a reunir informações para a avaliação do ano seguinte.

Lista de comprovação

A maioria das pessoas se interessa em saber como está seu desempenho profissional. Embora você passe o ano inteiro em contato com elas, a entrevista de avaliação oferece a oportunidade de considerar em detalhe projetos passados e futuros. Além disso, no momento da entrevista, o funcionário conta com toda a sua atenção.

Perguntas para a lista de comprovação

- A entrevista irá realizar-se na sua sala, na sala do funcionário ou em local neutro?
- Vocês combinaram antecipadamente a data e o horário da entrevista?
- Você reuniu e leu toda a documentação pertinente?
- Qual é a sua pauta? Coincide com a dele?
- Quais são os aspectos-chave para um intercâmbio de opiniões (os positivos e os passíveis de melhoria)?
- Em que momento você vai resumir as medidas ou desempenho combinados?
- Ambos podem cumprir as promessas que fizeram?

Orientação profissional

A orientação profissional é uma parte ininterrupta do trabalho de um dirigente e que, com o tempo, vai servir para aumentar a motivação e a eficiência de sua equipe. É provável que o processo de orientação pressuponha pelo menos duas entrevistas com um claro elemento de ação entre elas. Diferentemente da entrevista de avaliação, que geralmente ocorre uma vez por ano, as de orientação profissional são feitas no decorrer do ano. Não há necessidade de ser uma entrevista formal e, na verdade, ela pode ser muito eficiente se espontânea.

Parabenizar uma equipe que realizou bem um trabalho faz parte do processo de orientação profissional. A maioria das pessoas precisa sentir-se necessária; informar e orientar é uma maneira de dar aos funcionários um estímulo para confiar e ter fé em si mesmos.

Entrevistas de orientação

- Objetivo
- Preparação
- Entrevista inicial
- Prosseguimento — entrevista de revisão

Não se deve confundir orientação profissional com treinamento. O treinamento fora do local de trabalho pressupõe freqüência a aulas ou o estudo a distância antes de voltar à empresa e colocar em prática o que foi aprendido. O treinamento no local de trabalho supõe "sentar-se com o" funcionário novo, que primeiro observa o colega realizar a operação e depois é observado enquanto ele mesmo a realiza. A chave da orientação é que, depois de ter reconhecido e combinado uma oportunidade de aprendizado, o funcionário executa sozinho a tarefa. O papel do dirigente é transmitir informações ao funcionário, **antes** e **depois** da operação.

Portanto, você tem diante de si várias opções que resumiremos a seguir. E terá de decidir qual é a melhor; melhor para você — o chefe —, para a empresa e para o entrevistado. Todas são, de alguma forma, úteis para estabelecer a diferença entre o desempenho exigido e o alcançado.

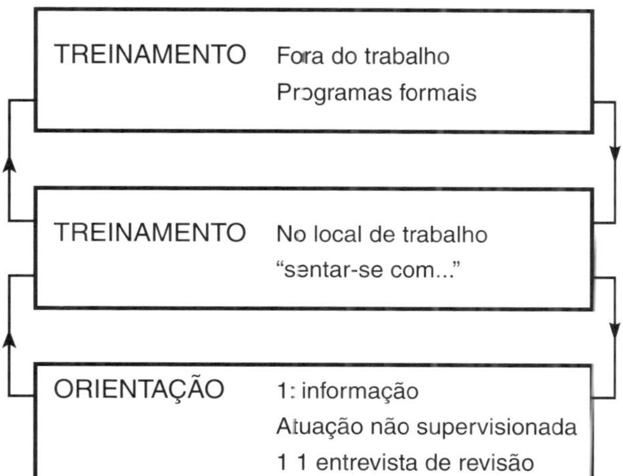

Adaptação de Rapport CC

Objetivo

As entrevistas de orientação profissional possibilitam o desenvolvimento pessoal de duas maneiras. Muitas empresas só recorrem a elas quando aparecem erros ou quando algum funcionário não atinge o desempenho exigido. Mas outra de suas aplicações é identificar o potencial do funcionário e capacitá-lo para reconhecer seus pontos fortes e compreender as conquistas.

A orientação supõe

- Melhorar um desempenho ruim ou regular
- Estimular a eficiência e o sucesso

Melhorar um desempenho ruim ou regular

Quando se torna evidente que um funcionário não atinge o desempenho esperado em uma função ou repete constantemente um erro, ele costuma ser enviado a cursos de treinamento, e se não surtir bons resultados, é advertido. A orientação oferece uma opção intermediária para atingir o progresso ou a correção desejados. Um tempo dedicado a essa pessoa pode resolver as suas dificuldades e combinar um plano de ação a ser seguido. Depois, é fundamental marcar uma futura entrevista de revisão para avaliar o ocorrido. Isto é diferente de dar uma advertência ao funcionário, pois o objetivo subjacente é o de detectar indicadores de aprendizado a partir da experiência.

Por exemplo:

Chris evita cada vez mais um cliente que é sua responsabilidade administrar. Uma primeira entrevista de orientação terá por objetivo indagar a razão de seu comportamento e induzi-la a ter idéias sobre como se sentir mais encorajada a entrar em contato com esse cliente, e depois deixar que ela mesma o faça. Na segunda entrevista pode-se revisar o que ocorreu. Este procedimento é muito mais produtivo que se limitar a ordenar-lhe que vá ver o cliente e que cumpra seu trabalho.

Estimular a eficiência e o sucesso

É neste ponto que a orientação surte efeito. Ao incentivar o desenvolvimento dos funcionários e aumentar sua segurança, o desenvolvimento da empresa também é favorecido e cria-se espaço para o próprio crescimento. O superior poderá delegar mais tarefas e responsabilidades e abrir espaço para aumentar as competências do funcionário. Preste bastante atenção ao verificar se delega tarefas legítimas — isso é bem diferente de limitar-se a livrar-se daquelas que não lhe agradam.

A orientação aumenta:

- a segurança em si mesmo e a iniciativa do funcionário;
- a autonomia do funcionário;
- a habilidade e capacidade do funcionário;
- o companheirismo entre chefe e subordinado;
- a alegria e satisfação do trabalho.

É possível que você deseje preparar um funcionário para ocupar o seu lugar quando você estiver de férias, ao sair para um curso de treinamento ou caso haja necessidade de que ele presida uma reunião na sua ausência. É possível também encarregar alguém da execução de uma tarefa específica ou transferi-lo temporariamente a outro departamento. Cada vez que se aproveita uma situação assim como oportunidade de orientação, você permite que seus funcionários aprendam e valorizem o aprendizado. Esses curtos períodos de tempo dedicados aos funcionários vão lhe poupar tempo a longo prazo, já que aumentará neles a confiança para tomar decisões.

Preparação

Preparação
- Identificar as oportunidades
- Levar em conta os estilos de aprendizado
- Esclarecer os objetivos
- Documentação

Identificar as oportunidades

A previsão de mudanças de procedimentos ou de pessoal vai afetar diretamente você e seus funcionários e predeterminará suas oportunidades de orientação. Em outros casos, é sua responsabilidade conhecer as qualificações da equipe e estar alerta às possibilidades de progresso. É possível que um funcionário dê mostras de aborrecimento e que sua capacidade seja muito superior às exigidas por suas responsabilidades; essa seria uma oportunidade para prepará-lo para uma promoção, por mais distante que isso possa estar. Finalmente, é possível haver necessidade de uma intervenção se o funcionário comete erros regularmente ou se seu desempenho não é satisfatório. Em cada um desses casos, há um desajuste entre desempenho e motivação, problema que pode ser resolvido com uma entrevista de orientação.

Levar em conta os estilos de aprendizado

Antes de começar uma entrevista de orientação, identifique se o funcionário em questão é receptivo e valoriza o aprendizado. Em geral, as formas de aprender são classificadas em quatro estilos. É importante que a entrevista de orientação se adapte ao estilo do entrevistado. Antes da entrevista, será necessário levar em conta tudo isso para que ela resulte o mais eficaz possível.

Tipos de indivíduos em relação ao aprendizado

- Ativo — Prefere aprender executando imediatamente a tarefa. Não gosta de sentar e observar.
- Reflexivo — Gosta de dispor de tempo para se preparar e pensar antes de atuar. Primeiro observa e depois atua.

- Teórico — Gosta de ver teorias, sistemas e modelos. Procura adequar os fatos às teorias para compreender.
- Pragmático — Gosta da aplicação prática das idéias. Concentra-se nos problemas relacionados com o trabalho.

Muitos indivíduos se inclinam somente para um desses estilos, enquanto que outros se adaptam a dois ou três. Se você conseguir identificar essas inclinações antes da entrevista inicial, maior será sua probabilidade de sucesso. Do mesmo modo que o indivíduo ativo não gosta de permanecer sentado em sessões de prática repetitiva, o reflexivo não executará bem o trabalho se não contar com instruções e advertências prévias.

Analise seu próprio estilo de aprendizado. É possível que seja muito diferente do estilo do entrevistado e que este fator influa na sua compreensão da entrevista. Parte da preparação para a entrevista inicial consiste em deixar conscientemente de lado sua maneira de fazer as coisas e dispor-se a escutar o método do outro.

Esclarecer os objetivos

Tenha muito claro por que quer aproveitar esta oportunidade de oferecer orientação. Considere o efeito que ela vai ter na empresa, no entrevistado e em você. Se você estabelece objetivos de trabalho com seus funcionários, faça o mesmo com os objetivos de aprendizado na entrevista de orientação. Assim, por exemplo, no caso de Chris, que evita entrar em contato com um cliente (Green), o objetivo do trabalho será conseguir um contato regular com Green e o objetivo de aprendizado será compreender e eliminar a ansiedade que gera a dificuldade de contato.

Reserve um tempo para verificar se os objetivos a que se propõe estão claros para você. Esses objetivos podem modificar-se no decorrer da entrevista, mas é necessário começar com uma tarefa específica, mensurável e factível e, ao mesmo tempo, "flexível" para o entrevistado.

Documentação

- Há algum tipo de documento ou formulário de que o entrevistado necessite como suporte à sua tarefa?
- Precisa fazer contatos pessoais?
- Com que idéias/experiências você pode contribuir?
- Existe algum requisito legal a ser satisfeito?

Partindo da premissa de que esta é uma oportunidade para o entrevistado estabelecer seu próprio aprendizado, você talvez tenha idéias e sugestões a acrescentar, se necessário for.

Entrevista inicial

A entrevista inicial é a primeira fatia do bolo da orientação. É aqui que você analisa a tarefa a ser empreendida, encoraja o funcionário a expor suas idéias e o ajuda a considerar qualquer problema. Enquanto na quinta-feira, na entrevista de avaliação, o ano profissional inteiro do funcionário era revisto, aqui se trabalha com uma atividade por vez.

Local da entrevista

A entrevista não deve ser feita na sua sala. Dependendo das condições, pode ser conveniente utilizar o local de trabalho do funcionário para essa conversa. É necessário que, seja qual for o local escolhido, ele seja confortável para os dois, conduza a um bom nível de comunicação e seja suficientemente resguardado, a fim de evitar que os demais funcionários escutem algo. É conveniente escolher um momento em que ambos tenham, pelo menos, vinte minutos disponíveis para garantir um diálogo completo. O ideal é um ambiente relaxado e que os dois compartilhem a noção de que se trata de uma entrevista importante.

Encorajar e capacitar

A entrevista de orientação não é, de forma alguma, uma entrevista do tipo "bate-pronto". O objetivo aqui é encorajar o funcionário a definir seus próprios objetivos e os métodos escolhidos para alcançá-los. É lógico que haverá um elemento de controle da sua parte que, de início, vai influenciar o tema a ser discutido. Você também precisará esclarecer os limites de autonomia do entrevistado. Que autoridade tem e que tipo de decisão pode tomar sem recorrer a você?

Na sua qualidade de chefe, você está acostumado a ter idéias e a dar ordens; enquanto orientador, a ênfase recai em escutar e apoiar. No início, isso pode parecer estranho, e essa estranheza pode favorecer ou dificultar o processo.

Estratégias positivas

- Dar tempo ao entrevistado para pensar sobre o tema, pois, afinal de contas, você se preparou para realizar a entrevista. É possível que o outro nem sequer a tenha previsto.
- Aceite as dúvidas que o entrevistado apresentar sobre a própria capacidade. Em vez da frase muito recorrente "Sei que você é capaz", reconheça sua preocupação e acompanhe-o na indagação com comentários como "Conte-me o que o preocupa".
- Encoraje-o a expressar idéias e sugestões.
- Respeite essas idéias e escute com mente aberta.
- Em relação aos erros, diga que, embora não os deseje, serão aceitos como oportunidades de aprendizado, e não como algo a temer.
- Considere qualquer tarefa especial como valiosa e útil para a empresa, e não somente um pretexto para manter o funcionário ocupado.
- Deixe clara sua intenção de dar respaldo ao funcionário e permitir-lhe executar as medidas combinadas.

Estratégias contraproducentes

- Evite a dependência que tanto a imposição de soluções quanto a pressa demasiada em expressar opiniões provocam.

- Não delegue tarefas rotineiras ou aquelas que não lhe agradam.
- Não se envolva em disputas nem as provoque.
- Tente não sufocar as tentativas do entrevistado de mostrar iniciativa.
- Não tente ser esperto ou aproveitar a entrevista para ganhar pontos em relação ao entrevistado.

Perguntas-chave

Lista de perguntas de sondagem

- Para coletar opiniões sobre o trabalho:

  O que você acha... ?

  Pensou em... ?

  Notou que... o que você acha disso?

  Que experiências teve até agora?
- Para falar de possíveis medidas ou desempenho:

  Como poderia abordar esse tema?

  Necessita da participação de outra pessoa?

  Quando?

  O que faria em primeiro lugar? E em segundo?

  Quais seriam os prazos possíveis?
- Para prever possíveis dificuldades:

  Que problemas você acha que poderiam se apresentar?

  Pensou em... ?

  Você se lembra de pronto de algum obstáculo?

Em geral, você vai se concentrar em fazer as perguntas abertas que explicamos na terça-feira. O objetivo é ajudar o entrevistado a definir seu plano de ação e organização do tempo tal como o considera. Parte do seu papel na entrevista é garantir que o entrevistado analise o tema de todos os ângulos possíveis. Terá de incentivá-lo a mentalizar o sucesso — e não o fracasso. Não ofereça suas sugestões até estar seguro de que o entrevistado esgotou as dele. E não se esqueça de que são somente sugestões.

Combinar as medidas a serem tomadas

Assegure-se de que tanto você quanto o entrevistado estão de acordo quanto às medidas a serem tomadas e as têm bem definidas.

> "Chris, então você telefona para Green na quarta-feira à tarde e marca uma reunião com ele. Quer visitar o escritório e ver o sistema em funcionamento. Combinamos as táticas que você vai utilizar para se proteger do sarcasmo de que foi alvo no passado e você ficará entusiasmada, embora um pouco nervosa, para colocá-las em prática se necessário. De quarta-feira a oito dias, iremos nos reunir para comentar os resultados."

Se necessário, o orientador terá como parte de sua tarefa ensaiar uma situação durante a entrevista inicial. Esse procedimento permite observar como a pessoa tende a reagir diante de certas situações, compreender sua preocupação e ajuda a aumentar a confiança em si mesma.

Esperar para ver

Esta talvez seja a parte mais difícil do processo de orientação. Corre-se um risco ao aumentar as responsabilidades do outro sabendo que, em última instância, cabe a você a responsabilidade. Se você disponibilizou toda a informação e instrução necessárias na entrevista inicial, o mais provável é ficar satisfeito com os resultados.

Outro risco é a possibilidade de o avaliado desempenhar a tarefa melhor do que você teria feito e se transformar em uma ameaça à sua própria posição. Isso pode explicar o medo que muitos dirigentes têm de delegar: que o aumento da eficiência do outro possa colocar em perigo seu próprio futuro na empresa. Tudo depende da cultura da empresa. Naquela onde se estimula a orientação, todos, e não somente os funcionários, trabalham para conquistar uma maior autonomia em um ambiente de apoio. Em uma cultura autoritária, não há muitas possibilidades de progresso.

Prosseguimento — entrevista de revisão

Faz parte do processo de orientação e não deve ser deixada de lado. Na entrevista inicial, essa data já estará combinada. Esta é a oportunidade para avaliarem juntos o aprendizado e a experiência adquirida com a atividade.

Entrevista de revisão

- Auto-avaliação
- Opinião do entrevistador
- E o que vem depois?

Auto-avaliação

Não caia na tentação de sobrecarregar o entrevistado com uma lista de pontos fortes e fraquezas que observou ou imaginou. Uma outra oportunidade que esse tipo de entrevista oferece é a de ajudar o entrevistado a desenvolver habilidades de autocrítica em relação a esses pontos fortes e fraquezas. Muitos de nós somos muito rápidos para detectar erros e fracassos, mas temos a tendência a menosprezar nossos sucessos. Cabe a você ajudar o entrevistado a analisar racionalmente os dois aspectos. Talvez o convença a considerar:

- O que saiu corretamente?
- Do que você gostou?
- O que poderia ter feito de outra forma?
- Quais pontos são problemáticos?
- Que informação disponibilizou?
- Que informação guardou?

Suas perguntas têm por objetivo ajudar o entrevistado a refletir sobre esses temas e tomar suas próprias decisões. Não imponha suas soluções ou critérios.

Opinião do entrevistador

Quando ambos estiverem satisfeitos por terem tratado a fundo a auto-avaliação do funcionário, é conveniente dar a própria opinião. Talvez seja indicado dedicar alguns minutos para captar em linhas gerais a própria opinião ou crítica e seu objetivo, com o intuito de evitar atitudes defensivas ou a inércia. Como vimos na quinta-feira, na entrevista de avaliação, isso pode ser extraordinariamente útil se feito de maneira positiva e encorajadora. O objetivo aqui é consolidar e confirmar o novo conhecimento e as habilidades adquiridas pelo entrevistado e reforçar aquilo em que foi bem-sucedido.

Ajude-o a compreender os erros e facilite o aprendizado de novas estratégias.

O que vem depois?

Não existe um resultado garantido para uma entrevista de orientação. Grande parte do sucesso depende da natureza das tarefas iniciais. Se tudo foi feito corretamente, talvez ambos concordem com a necessidade de impor ao entrevistado outros desafios sobre uma base estrutural acordada. Se a entrevista de revisão indica a existência de um problema operacional básico, talvez o entrevistado necessite de mais cursos de treinamento externos. Se o funcionário quase atingiu os objetivos, mas ainda lhe faltou a confiança necessária em si mesmo para atuar sozinho, talvez seja conveniente retroceder à fase de trabalho supervisionado durante algum tempo. Seja qual for a opção por fim escolhida de mútuo acordo, verifique cuidadosamente se foi adotada com um critério amplo, depois de uma exaustiva análise e revisão.

Lista de verificação

A entrevista de orientação permite a você e ao entrevistado desenvolver as habilidades existentes de muitas e diferentes maneiras. Você talvez o esteja preparando para substitui-lo nas suas férias, ou permitindo-lhe assumir mais responsabilidades em um determinado aspecto do trabalho. Quanto mais eficiente for a orientação, maior será sua própria capacidade para melhorar também.

Não se esqueça de:

- estar alerta às oportunidades de orientação.
- considerar o estilo de aprendizado do funcionário, sobretudo se for diferente do seu.
- escutar as idéias e sugestões do funcionário antes de oferecer as suas.
- esperar para ver; não intervir desnecessariamente.
- ajudar o funcionário a analisar as próprias experiências; não faça isso por ele.

Assessoria pessoal

A entrevista de assessoria pessoal se distingue das anteriores, pois pode ser iniciada pelo funcionário em vez de o ser pelo superior. É possível que você perceba alguma mudança no comportamento, na atitude ou aparência de um funcionário e que essa mudança o induza a convidá-lo a conversar. Procure assegurar-se de que o convida, e não o obriga, a falar com você. Se você tentar obrigá-lo a contar tudo, só conseguirá inspirar-lhe desconfiança.

Entrevistas de assessoria pessoal

- Preparação geral
- A entrevista
- Prosseguimento

Uma entrevista de assessoria não é uma entrevista de disciplina. Nesse caso o seu papel é mais de colega de trabalho do que de superior. Você está ali para, usando compreensão e aceitação, ajudar o funcionário a solucionar o que o está preocupando.

Preparação geral

É importante refletir sobre como conduzir uma entrevista de assessoria pessoal. Certamente, deve-se contar com a possibilidade de não haver tempo para se preparar para cada caso específico, e nunca dois casos serão iguais, dada a individualidade dos envolvidos. Se você pensar de antemão nas diretrizes a seguir, elas lhe serão de grande valia para ser bem-sucedido. Não se exigirá de você que se transforme em um conselheiro profissional, mas simplesmente que se sinta um pouco mais confortável com os problemas de natureza pessoal.

Preparação geral

- Relação
- Confidencialidade
- Tempo
- Local

Relação

Este é um caso em que se deve reprimir o instinto autoritário de dizer ao funcionário o que fazer ou encontrar a solução para o problema. Não se esqueça de que o problema é dele, e não seu, nem caia na tentação de tomá-lo para si. Esta é uma das ocasiões em que não é apropriado dizer "Deixe comigo, que eu resolvo". Em uma relação de assessoria, o que se deve fazer em primeiro lugar é oferecer ao funcionário um local seguro e reservado onde possam conversar e analisar os problemas que o afetam no trabalho, em casa ou em ambos. Você não está ali na qualidade de especialista ou conselheiro, mas sim como alguém que tem interesse em ajudá-lo a superar uma situação difícil ou a tomar uma decisão.

Na relação de assessoria:

- não é necessário conhecimento especializado;
- não há por que ter todas as respostas;
- não se deve tomar para si o problema do outro;
- não se deve resolvê-lo no lugar do outro.

Na relação de assessoria, três atitudes-chave são de extrema importância e devem ser transmitidas ao entrevistado. Essas três atitudes, conhecidas pela sigla REA, servem para garantir uma entrevista bem-sucedida.

Atitudes-chave

Respeito é:

- franqueza e aceitação do entrevistado.
- suspensão de qualquer juízo ou crítica.
- considerar de que vale a pena escutá-lo.

Empatia é:

- compreender o ponto de vista do entrevistado.
- colocar-se em seu lugar.
- compreender como se sente.

Autenticidade é:

- um interesse sincero pela pessoa.
- ser responsável e sincero.

É necessário ter coragem para falar com o chefe sobre problemas pessoais, mais ainda quando se imagina que poderá ser motivo de piada ou menosprezo. Essas três atitudes – REA — permitem ao entrevistador concentrar-se em compreender, e não em julgar.

Confidencialidade

Depende do tipo de problema em questão. Na maioria dos casos, trata-se de problemas alheios ao trabalho e deve-se entrar em acordo que os assuntos abordados não saiam dali. Se há outros funcionários envolvidos, a decisão de inclui-los ou não na conversa deve ser tomada conjuntamente. Se os temas forem relativos à saúde e segurança, pode ser necessário falar com uma autoridade superior, e tanto entrevistador quanto entrevistado devem estar conscientes do que vai ocorrer. Uma vez que o funcionário tenha se sentido capaz de confiar em você e tenha sido aceito, é provável que saiba e concorde com a necessidade de que outra pessoa tome parte na conversa.

Tenha cuidado para não trair a confidencialidade, tratando de maneira diferente o funcionário depois da entrevista, devido à "informação secreta" que possui. Resista à tentação de desculpar ou encobrir seu comportamento. Os comentários do tipo "Ai, se você soubesse o que essa pobre está passando com seu filho adolescente..." são traições à confidencialidade. Basta uma única traição para você ganhar para sempre a fama de indigno de confiança.

Tempo

Se você marcou a entrevista antecipadamente, pode reservar entre meia e uma hora (no máximo), para a reunião. Acrescente dez minutos para reflexão e inicie o cumprimento das medidas combinadas. Qualquer duração superior a uma hora provavelmente significará uma repetição do assunto, e é mais indicado marcar uma segunda entrevista do que continuar até os dois estarem esgotados. Se lhe pedirem a entrevista sem o avisar antecipadamente, você talvez não possa postergar seus compromissos imediatamente. O mínimo que pode fazer, então, é conceder alguns minutos para ter uma idéia da situação e marcar uma entrevista posterior em uma hora conveniente para ambos. Os funcionários podem guardar os problemas para si se souberem que você se interessa por eles e que estará disponível no momento prometido. Se você tentar realizar uma entrevista de assessoria quando está ocupado pensando no seu trabalho, não apresentará as atitudes REA, tampouco estará realmente presente na entrevista com seu funcionário.

Local

Para este tipo de entrevista, é necessário, mais do que nunca, de um local tranqüilo e livre de interrupções. Se você trabalha em um escritório muito movimentado, onde se pode ver e escutar o que se faz, terá de buscar a sala de outro funcionário. Talvez seja conveniente sair e dar um passeio fora do ambiente profissional. Um bar ou clube não são adequados, pois os papéis podem se confundir e é maior o risco de trair a confiança. A entrevista de assessoria só terá sucesso em um local tranqüilo, privativo e confidencial. É sua responsabilidade buscar esse local.

A entrevista

A entrevista de assessoria pessoal pode ser dividida em três fases. Não se trata de uma estrutura rígida e pode-se transitar pelas fases. Algumas pessoas necessitam somente da primeira, a da escuta; outras podem continuar com a segunda e outras, talvez, necessitem das três.

Durante a entrevista inteira será necessário utilizar as técnicas de escuta ativa abordadas na terça-feira.

As três fases da entrevista de assessoria

Primeira fase: compreender

- A história do funcionário.
- Como ele se sente.
- Se há mais de um motivo de preocupação.

Segunda fase: avançar

- Há outra maneira de encarar a situação?
- Como outras pessoas lidaram com a situação?
- Quantas opções existem?

Terceira fase: agir

- Fixar objetivos.
- Oferecer apoio contínuo.
- Revisão e avaliação.

Primeira fase: compreender

No início da entrevista, concentre a atenção em entender o problema ou a situação. É freqüente as pessoas se preocuparem durante muito tempo com um problema, antes de se decidirem por correr o risco de falar sobre ele, ou até que seu comportamento provoque um pedido de prestação de contas. Uma vez que começam a falar, talvez seja necessário abrir espaço em meio a uma variedade de emoções e idéias confusas.

Sua primeira tarefa consistirá em ficar calado e escutar com atenção absoluta; disponha-se a escutar 70% do tempo e a falar 30%: isto permitirá ao funcionário expor suas preocupações. Não faça anotações; o entrevistado pode ter receio do que você vai fazer com a informação. Faça uso de perguntas abertas, paráfrases, pedidos de esclarecimento e reações encorajadoras para que o funcionário relate a história.

Um objetivo da entrevista de assessoria é ajudar o indivíduo a reconhecer e aceitar seus sentimentos. Os sentimentos são importantes e se não forem expressos, podem limitar a capacidade de tomada de decisão ou de escolha. Muitas pessoas se sentem mais confortáveis ao falar de seus pensamentos e talvez precisem de ajuda para encontrar palavras para expressar seus sentimentos.

Compare estas duas frases: "Sinto que trabalharia melhor se houvesse alguma oportunidade de promoção"; "Sinto-me frustrada e tolhida nas possibilidades de ascensão profissional que existem nessa empresa".

A primeira frase descreve o que o indivíduo pensa da sua atuação e desempenho; a segunda, expressa como se sente e é muito mais reveladora. A oportunidade de expressar os sentimentos em um ambiente seguro permite-lhe liberar-se e reduzir a ansiedade, o que, por sua vez, ajuda-o a pensar e, finalmente, a atuar de modo mais construtivo.

Nesta fase, é muito importante aceitar o ponto de vista e os sentimentos do entrevistado, mesmo se não coincidirem com os seus. Se você começar a lhe dizer como enfrentar as coisas, ele não terá a oportunidade de desenvolver seus próprios mecanismos de reação. Seu abatimento pode aumentar ainda mais se a solução que lhe for proposta for simples.

Resista à tentação de apressar a primeira fase e com isso deixar de explorar a fundo todos os problemas. É possível que a pessoa comece por um tema menos delicado até se sentir capaz de abordar o mais espinhoso.

Uma vez que você tenha compreendido claramente o problema, pode passar para a segunda fase, se ele assim desejar. Talvez só falar já seja suficiente. Algumas situações não têm uma solução ou resposta fácil. Portanto, a técnica na primeira fase é dar ao entrevistado tempo para expor a situação. Muitos agradecerão o simples fato de serem escutados por alguém que, diferentemente da maioria, não está cheio de idéias e respostas.

Segunda fase: avançar

Nesta fase da entrevista, você deve ajudar o indivíduo a perceber se existem outras maneiras de considerar o dilema. Às vezes, as pessoas se enredam em uma forma de pensar e acreditam só haver um modo de contemplar dada situação. Você pode ajudar a explorar alternativas e buscar opções. Embora talvez nesta fase você fale um pouco mais, continuará precisando das atitudes REA.

Técnicas para a segunda fase

- Opiniões

  "Talvez seja difícil levá-la a sério, porque você sempre ri e minimiza suas conquistas."

- Sondagem

  "O que ocorreria se você fizesse isso?"

- Desafio

  "Você disse que desejava trabalhar com outra pessoa e quando organizamos a mudança de escritório, você não quis ir embora. Como ficamos?"

- Relatar uma experiência própria

  "Lembro-me de como estava nervoso na primeira vez que tive de falar com os diretores. Depois vai ficando mais fácil."

Advertência: O uso desta última técnica não pode servir de pretexto para você começar a contar todos os seus problemas ao entrevistado. Isso não é uma competição.

É necessário ter desenvolvido uma relação de confiança para poder lançar ao outro um desafio nessa parte da entrevista. Não se trata de flagrá-lo em uma falta ou constrangê-lo. É possível que ele capte o sentido do que você disse e que lhe seja difícil aceitar. Dê-lhe tempo para pensar; evite falar muito e muito rápido. Desafie com cuidado e afeto.

Ao final da segunda fase, você já terá considerado outras maneiras de contemplar a situação, bem como diversas alternativas e oportunidades.

Terceira fase: agir

Uma vez que o entrevistado tenha considerado todas as opções disponíveis, talvez já se sinta suficientemente confiante para ir embora e fazer o que for conveniente. Entretanto, também é possível que ele deseje sua ajuda para elaborar um plano de ação, o que pressupõe auxiliá-lo a estabelecer objetivos realistas, e não impor soluções. Na sua qualidade de chefe, muitas vezes se espera que você saiba o que é melhor e que providencie para que seja feito. Na entrevista de assessoria pessoal, seu papel consiste em ajudar o funcionário a tirar suas próprias conclusões. É necessário auxiliá-lo a trabalhar por objetivos factíveis. Se a meta for enorme, como "comer um elefante", a melhor maneira de conseguir é em "pequenas mordidas".

Técnicas para a terceira fase

- Estabelecimento de objetivos

  Assegure-se de que o objetivo proposto é claro, concreto e factível
- Aproveite recursos

  Você talvez possa fazer mudanças de turnos, prolongar uma licença, autorizar uma transferência
- Revisão

  Ofereça apoio contínuo para verificar o progresso, avaliar e possivelmente mudar os objetivos com decorrer do tempo.

- Remeter o caso a especialistas

  Não faça um trabalho que não seja da sua competência ou que o deixe desconfortável. Saiba quando se deter e quando utilizar os serviços de agências externas à empresa.

Seja qual for a ajuda oferecida na terceira fase, limite-a ao que o entrevistado não pode fazer por si mesmo. Novamente resista à tentação de tomar para si o problema e resolvê-lo.

Sua contribuição nesta fase pode consistir em fazer, com o funcionário, um exame detalhado e consciente do que pode impedir a consecução do objetivo.

- Há pessoas que podem ajudar ou encorajar o entrevistado (amigos, colegas, familiares)?
- Há situações que podem contribuir para ajudá-lo ou prejudicá-lo (trabalhar sozinho, em equipe, em um ambiente barulhento)?

É importante pensar cuidadosamente nesses aspectos e estar preparado para dificuldades que possam surgir.

Prosseguimento

Diferentemente de outras entrevistas, neste caso não há nenhum prosseguimento preestabelecido. Evidentemente, você continua e toma as medidas combinadas para ajudar o entrevistado. Deve atuar como se nada tivesse acontecido e deixar de lado os problemas pessoais do funcionário. Destrua anotações que porventura tomou ou entregue-as a ele.

Talvez seja conveniente marcar outra entrevista no futuro para verificar o progresso. Assim o entrevistado saberá que você continua interessado nele e que esta não foi a única oportunidade de conversarem.

Continue alerta aos indícios de problemas pessoais que podem afetar o rendimento e o comportamento dos funcionários. Uma vez sabendo que são passíveis de ser abordados, muitos problemas podem ser solucionados antes que se agravem de forma desproporcional e se tornem muito mais complexos.

Lista de verificação

É mais difícil planejar as entrevistas de assessoria que os demais tipos de entrevista. Deve-se esperar o inesperado e estar preparado para enfrentá-lo. Você não será "responsável" pela entrevista, e sim servirá como uma caixa de ressonância. Dar tempo ao entrevistado quando necessário pode poupar tempo e crises posteriores.

Lista de verificação para a assessoria

- Lembrar-se das atitudes REA (**R**espeito, **E**mpatia, **A**utenticidade).
- Permitir-se muito tempo para escutar, sobretudo na primeira fase (compreensão).
- Perceber qual dos dois fala mais.
- Não tentar solucionar o problema.
- Lembrar-se de que não é preciso ter todas as respostas; é possível que não haja nenhuma.
- Ter sempre presente a confidencialidade.

Disciplina

Muitos gerentes e supervisores sentem apreensão em relação aos problemas de disciplina. Relevam pequenos incidentes em vez de enfrentar as situações no momento em que surgem. O resultado dessa postura ser a perda do respeito por parte dos funcionários e dificuldades com os níveis superiores quando finalmente for necessário enfrentar a situação.

Entrevistas de disciplina

- Normas da empresa
- Preparação
- A entrevista
- Sim e não

Normas da empresa

É provável que a empresa tenha um código de regras ou normas à disposição dos funcionários e que sejam cobrados aspectos como o cumprimento do horário, ausência, saúde e segurança, uso de objetos e instalações de propriedade da empresa, bem como o detalhamento das infrações que caracterizam uma má conduta grave. É necessário conhecer essas normas e saber até onde chega a responsabilidade ao realizar a entrevista. Você é o encarregado de realizar somente a primeira entrevista informal ou possui autoridade para chegar até o final, o qual pode culminar em uma demissão?

Deve haver também procedimentos disciplinadores estabelecidos, embora, às vezes, estes façam referência somente às entrevistas formais. Se você não se ativer aos procedimentos estabelecidos, pode prejudicar sua situação no caso de ter de recorrer à Justiça. Se não houver tais procedimentos, informe-se com seus colegas para se orientar e se inteirar de experiências anteriores. É importante também descobrir as diversas fases do processo de disciplina que a empresa segue. Seria conveniente ainda se informar sobre as leis que existem a esse respeito.

Preparação

É essencial preparar-se para a entrevista de disciplina, tendo reunido toda a informação possível em relação aos fatos, seja qual for seu grau de formalidade.

Finalidade

Qual é o objetivo da entrevista? No caso de uma entrevista formal de disciplina, é possível que este seja o último de uma série de procedimentos que visa colocar fim ao trabalho do funcionário na empresa. As entrevistas menos formais costumam ser uma tentativa de melhorar a qualidade do trabalho ou seu desempenho, com o intuito de que o entrevistado aceite a necessidade de mudar e permaneça na empresa. Em alguns casos, o funcionário pode estar impedido por assuntos que escapam ao seu controle e, se for assim, você precisa saber sobre eles. Nesses casos, a entrevista de disciplina é útil para resolver o problema, não somente para castigar o funcionário. Geralmente, o objetivo será detectar a situação antes de chegar ao ponto de uma demissão.

Informação

Seja qual for a etapa do processo de disciplina a que corresponde a entrevista, é preciso reunir toda a informação possível.

Coleta de informação

- Relatórios: pontualidade, assistência, vendas, estatística de desempenho.
- Documentos: entrevistas anteriores, relatórios de outros encarregados, avisos.
- Indivíduos: testemunhas, outros funcionários, reclamações de clientes e fornecedores (por escrito dos demandantes).

Não se deve esperar obter dados de todas essas fontes de uma só vez. Assegure-se de que toda a informação reunida é pertinente e está datada; prepare uma anotação com os detalhes para a entrevista.

Em alguns casos, você não vai contar com provas fidedignas que dêem sustentação às queixas. No entanto, é importante continuar a entrevista de qualquer modo e oferecer ao funcionário a oportunidade de expor sua versão ou avaliação da situação.

Uma investigação a fundo levará algum tempo. Se existir algum risco para a saúde ou a segurança da empresa ou do funcionário (brigas, embriaguez dos encarregados de maquinário durante o horário de trabalho, etc.), os envolvidos que estão em perigo devem tirar uma licença remunerada completa até que se tenha realizado a entrevista de disciplina.

Anotações

Faça anotações claras e específicas sobre cada assunto que deseje abordar. Você também deve indicar os aspectos positivos do funcionário quando for necessário. Lembre-se de que, se somente um aspecto do trabalho for problemático e todo o resto, eficiente, ele deve ser apresentado dentro de seu contexto.

João

- Atitude ao telefone: reclamações de outros departamentos sobre uma atitude grosseira ou descortês ao responder; torcem para que não seja ele a atender ao telefone.
- Pesquisador muito qualificado, relatórios concisos, pontualidade na entrega.
- Problemas técnicos para falar ao telefone? Atender ao telefone interrompe ou atrapalha "seu trabalho"?

Prepare uma lista com todos os pontos a serem abordados, a fim de repassá-los e checá-los no decorrer da entrevista.

Aviso

Você talvez prefira fazer uma entrevista informal rápida no local e momento em que presenciou um incidente. Caso contrário, terá de avisar o funcionário de que deseja falar com ele. Ele necessitará de tempo para preparar-se e também para preparar qualquer exposição que desejar fazer. De acordo com o grau de formalidade da entrevista, talvez ambos desejem a presença de testemunhas, que também devem ser avisadas antecipadamente da reunião.

Tempo

Reflita sobre a possível reação do funcionário na entrevista. Se houver possibilidade de que se altere ou se enfureça, talvez seja prudente marcar a entrevista para o final do dia, do turno ou até mesmo da semana. Dessa maneira, o funcionário irá para casa sem ter de enfrentar os colegas, os clientes ou a maquinaria.

A entrevista

Vários pontos devem ser considerados sobre o local apropriado para realizar esse tipo de entrevista. Quer a entrevista se insira em uma fase informal ou na mais formal do processo de disciplina, deve-se procurar realizá-la em um local privado. Não é somente pela possibilidade de humilhar o funcionário diante dos clientes ou colegas de trabalho; existe a possibilidade de que ambos intervenham, o que predeterminaria o resultado da entrevista.

- Tipo de entrevista
- Procedimento
- Anotações

Tipo de entrevista

O tipo de entrevista que você se dispuser a realizar dependerá das circunstâncias e da gravidade de cada caso. É necessário que tanto você quanto o funcionário saibam com clareza em que fase do processo de disciplina se encontram.

Tipo de entrevista

- No trabalho: Mau comportamento evidente de transcendência menor. Advertência verbal imediata indicando ao funcionário que ultrapassou os limites permitidos pela empresa.
- Primeira entrevista e subseqüentes: Prévio aviso da data e tema da entrevista.
- Formal: Prévio aviso da data, tema, documentos pertinentes e também testemunhas

Procedimento

O procedimento a ser seguido é muito semelhante para cada tipo de entrevista de disciplina; a principal diferença é a participação de outras pessoas na qualidade de observadores ou testemunhas.

Procedimento

- Visão geral dos temas a serem abordados.
- Recapitulação das medidas tomadas anteriormente, se necessário for.
- Papel das testemunhas.
- Tempo para que o entrevistado se explique.
- Consideração às suas respostas e reações.
- Solução combinada em conjunto ou somente pelo entrevistado.
- Resumo, plano de ação e conseqüências.
- Reunião de revisão.

Papel das testemunhas. Isto dependerá do código de disciplina da empresa. Em uma entrevista formal, será necessário um indivíduo que tome notas e possivelmente que o ajude a manter-se a par da entrevista. O entrevistado tem direito a trazer um colega ou membros do comitê da empresa se assim desejar. Todos devem ter conhecimento claro se essas pessoas estarão presentes para prestar apoio moral ou se vão intervir.

Em uma primeira entrevista informal, o mais apropriado seria uma conversa entre vocês dois, na qual ficaria claro que, se a situação não se modificar, você iniciará procedimentos mais formais. Consulte as normas da empresa; testemunhas podem ser necessárias desde o princípio. Grave a entrevista e faça com que o entrevistado assine o relatório em caso de reincidência.

Tempo para que o entrevistado se explique. A entrevista permite uma conversa nos dois sentidos. Pode haver muitos motivos pelos quais o funcionário não trabalhe ou não se comporte satisfatoriamente. Será necessário verificar se as informações e o contexto que você conhece são corretos e dar a ele tempo para explicar qualquer circunstância atenuante que, porventura, venha ao caso.

Consideração às suas respostas e reações. É possível que depois de ouvir a versão do entrevistado, você decida deixar de lado a entrevista de disciplina em favor de uma conversa sobre orientação profissional, formação, ou passar para uma modalidade de assessoria pessoal.

- O funcionário tem toda a culpa?
- Há circunstâncias atenuantes?
- Outro funcionário da empresa é também responsável?
- Houve alguma falha de organização?
- As explicações ou desculpas são aceitáveis?

Solução combinada em conjunto ou somente pelo entrevistado.

Talvez seja necessário suspender a entrevista, para investigar as novas circunstâncias e reconsiderar a situação levando em conta as declarações do entrevistado. É possível que você já possua alguma idéia sobre as soluções necessárias, mas estas devem ser flexíveis de modo a levar em conta a informação do funcionário. Não se esqueça de que o que você busca são maneiras de progredir, e não de demitir o funcionário.

Resumo, plano de ação e conseqüências. Ao finalizar qualquer entrevista de disciplina, faça um resumo da conversa e das decisões a que chegaram, o que lhe garantirá a possibilidade de verificar todos os pontos abordados e confirmar as providências combinadas. Divida o plano de ação passo a passo, com os devidos prazos. Providencie uma cópia para o entrevistado. Se outros funcionários forem intervir no plano de ação, eles também precisarão de um plano detalhado do que foi combinado.

Resuma:

- o objeto de discussão e por que não é aceitável.
- a explicação do entrevistado.
- medidas e prazos acordados.
- a próxima medida de disciplina, se não houver nenhuma mudança.

Reunião de revisão. Estabeleça os limites de tempo para as mudanças e correções acordadas. Durante esse tempo, não será necessária nenhuma medida de disciplina, a não ser que o funcionário não dê sinais da intenção de mudar. Faça verificações periódicas de progresso, para checar se o comportamento e o desempenho do funcionário são os exigidos.

Se só houve melhoria em um aspecto, talvez seja conveniente ampliar o prazo concedido. Se o funcionário apresentou mudanças satisfatórias, é importante que você reconheça e elogie suas conquistas.

"Falamos da sua atitude diante das solicitações de informação por telefone. Consideramos que suas palavras inadequadas e a brusquidão com que desliga o telefone são inaceitáveis. Entendo que o principal problema é que as ligações interrompem sua concentração no trabalho e que depois você demora bastante em reorganizar seus pensamentos.

Combinamos que começará a circular um memorando assinado por você e por mim, informando que as perguntas pelo telefone são aceitáveis antes das 9h30 e depois das 16h30. Quando não for possível, você se disporá a responder ao pedido de informação por meio de carta ou fax.

Você vai procurar vencer seu mau humor se houver ligações fora do horário previsto.

Também combinamos nos reunir dentro de um mês para reconsiderar a situação."

Anotações

No caso da entrevista no trabalho, você pode fazer uma breve anotação de registro da conversa que teve com o funcionário.

- Funcionário: Jo Smith
- Data: 10/1/1995
- Motivo da advertência: pontualidade
- Assinatura

As entrevistas mais formais demandarão relatórios do conteúdo e dos prazos de atuação. Forneça uma cópia ao entrevistado o mais rápido possível depois da entrevista, mantendo outra em arquivo. De acordo com as normas da empresa, talvez seja necessário que você e o entrevistado assinem e manifestem conformidade com o registro por escrito da entrevista.

- Funcionário
- Data
- Motivo da entrevista
- Respostas do entrevistado
- Medidas para colocar em prática
- Prazos
- Passo seguinte se as medidas combinadas não forem cumpridas
- Assinaturas do entrevistado e do entrevistador

No caso de se ter que apelar para outra autoridade da empresa ou para um árbitro exterior, você precisará de informações detalhadas que demonstrem que os procedimentos requisitados foram seguidos corretamente.

Sim e não

Sim

- Assegure-se de que não haverá interrupções de outras pessoas ou telefone.
- Transmita uma atitude adequada de formalidade.
- Leve em consideração o nervosismo de ambas as partes: ofereça algum aperitivo.
- Mantenha um contato visual regular com o entrevistado.
- Evite contato físico e voz alterada.
- Mantenha-se o mais relaxado possível, para poder escutar melhor.
- Exponha os problemas com clareza e explique com exemplos.
- Seja coerente com toda a disciplina dos funcionários

Não

- Não discuta acaloradamente nem se coloque na defensiva
- Não aproveite a oportunidade para expor todas as possíveis reclamações sobre o entrevistado
- Não faça comentários pessoais
- Não recorra ao sarcasmo

Lista de verificação

É possível que você não tenha de fazer muitas entrevistas de disciplina, mas, de qualquer modo, é conveniente reservar o tempo necessário para preparar-se a fundo e

conhecer os procedimentos da sua empresa para o caso de ser você o responsável por fazê-lo.

Perguntas-chave

- Há normas de disciplina na empresa?
- Você conhece claramente os aspectos de reclamação/insatisfação?
- Que provas consegue reunir? De onde ou de quem?
- Você e o entrevistado sabem em que fase do processo de disciplina vocês se encontram?
- Você ou o entrevistado têm necessidade de testemunhas?
- Quais serão os próximos passos?

Conheça outros títulos da Coleção Gestão:

Habilidades diretivas

Aprenda a avaliar o desempenho de seus funcionários

Em uma semana

- Objetivos de uma avaliação eficaz
- Determinar atitudes e enfoques
- Valorizar o processo profissional

Di Kamp

Planeta

temas de hoje

Este livro foi composto
em Times Roman pela
Globaltec Produções Gráficas
para a Editora Planeta do Brasil
em março de 2006.